LA FIEBRE DEL ORO EN CALIFORNIA

por Peggy Bresnick Kendler

Scott Foresman
is an imprint of

Glenview, Illinois • Boston, Massachusetts • Chandler, Arizona
Upper Saddle River, New Jersey

CONTENIDO

Capítulo 1
La fiebre del oro

La fiebre por encontrar oro cambió la historia de los Estados Unidos y su paisaje. Durante esa época, mucha gente viajaba al área de California. Estos aventureros soñaban con encontrar oro y hacerse ricos.

A principios de la década de 1840, California estaba controlada por México. En 1848, México renunció a ese territorio. Había conseguido su **independencia** de México, pero todavía no era un estado. Cada vez más gente se trasladaba a California. Algunos lo hicieron por barco y otros por tierra.

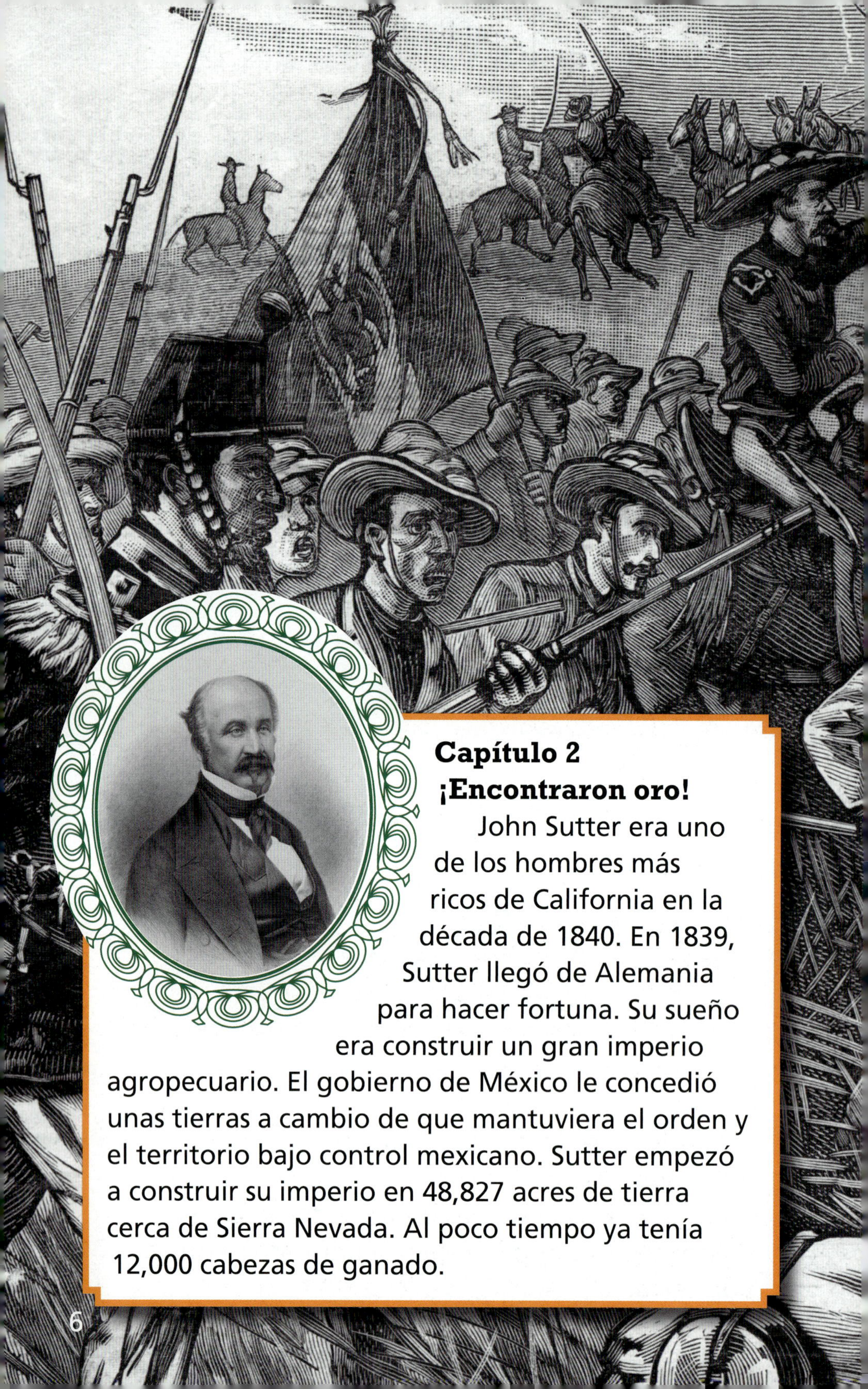

Capítulo 2
¡Encontraron oro!

John Sutter era uno de los hombres más ricos de California en la década de 1840. En 1839, Sutter llegó de Alemania para hacer fortuna. Su sueño era construir un gran imperio agropecuario. El gobierno de México le concedió unas tierras a cambio de que mantuviera el orden y el territorio bajo control mexicano. Sutter empezó a construir su imperio en 48,827 acres de tierra cerca de Sierra Nevada. Al poco tiempo ya tenía 12,000 cabezas de ganado.

El oro se encontró por primera vez en 1848 en las tierras de John Sutter.

En 1840, Sutter construyó una fortaleza a orillas del río Sacramento. Tenía dormitorios para algunos de sus trabajadores. También había una panadería, una fábrica de cobijas, una herrería, una carpintería y otras tiendas y talleres.

Seis años después, Sutter contrató a James Marshall para que construyera un aserradero a orillas del río Americano. El 24 de enero de 1848, Marshall vio algo reluciente en el agua. Agarró el pedazo de metal brillante. Tenía el tamaño de media arveja. ¡Acababa de encontrar oro!

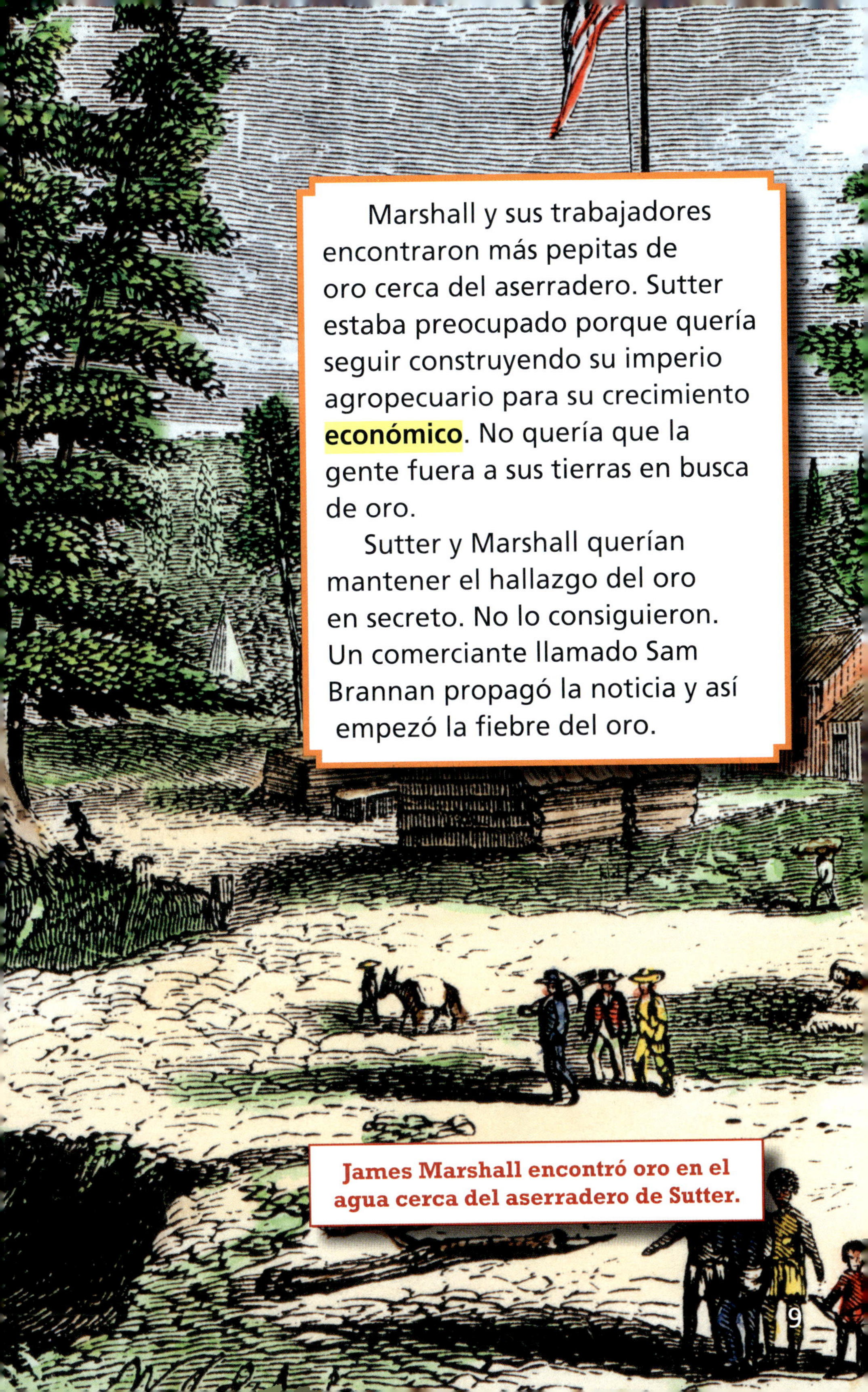

Marshall y sus trabajadores encontraron más pepitas de oro cerca del aserradero. Sutter estaba preocupado porque quería seguir construyendo su imperio agropecuario para su crecimiento **económico**. No quería que la gente fuera a sus tierras en busca de oro.

Sutter y Marshall querían mantener el hallazgo del oro en secreto. No lo consiguieron. Un comerciante llamado Sam Brannan propagó la noticia y así empezó la fiebre del oro.

James Marshall encontró oro en el agua cerca del aserradero de Sutter.

Sam Brannan era un comerciante de San Francisco. Su plan era publicar la noticia del hallazgo de oro para hacerse rico. Lo primero que hizo fue comprar todas las palas, cacerolas y picos que pudo encontrar. Luego corrió por las calles con un tazón de polvo de oro publicitando el oro. Vendió los instrumentos de minería por mucho dinero. Antes de que se descubriera oro, una cacerola costaba unos 20 centavos. Él las revendió por $15. Brannan ganó más de $36,000 en sólo nueve semanas.

En poco tiempo las tierras fueron **invadidas** por mucha gente que buscaba oro y Sutter no pudo evitar que sus tierras fueran ocupadas. A finales de 1849, la finca de Sutter se había arruinado. Los buscadores de oro habían destruido su fortaleza y sus cosechas.

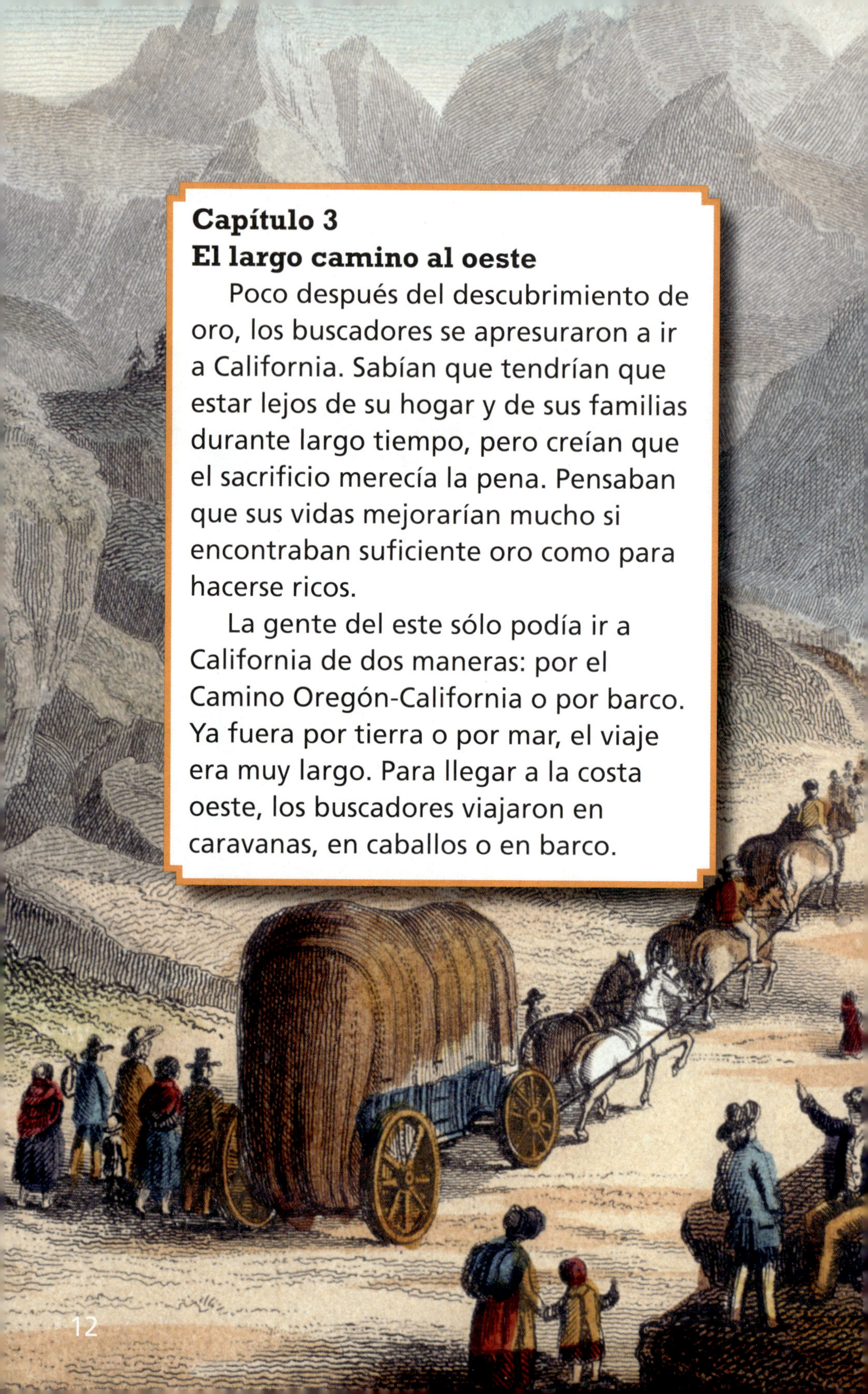

Capítulo 3
El largo camino al oeste

Poco después del descubrimiento de oro, los buscadores se apresuraron a ir a California. Sabían que tendrían que estar lejos de su hogar y de sus familias durante largo tiempo, pero creían que el sacrificio merecía la pena. Pensaban que sus vidas mejorarían mucho si encontraban suficiente oro como para hacerse ricos.

La gente del este sólo podía ir a California de dos maneras: por el Camino Oregón-California o por barco. Ya fuera por tierra o por mar, el viaje era muy largo. Para llegar a la costa oeste, los buscadores viajaron en caravanas, en caballos o en barco.

Los buscadores tenían que soportar un largo y duro
viaje para llegar al oeste.

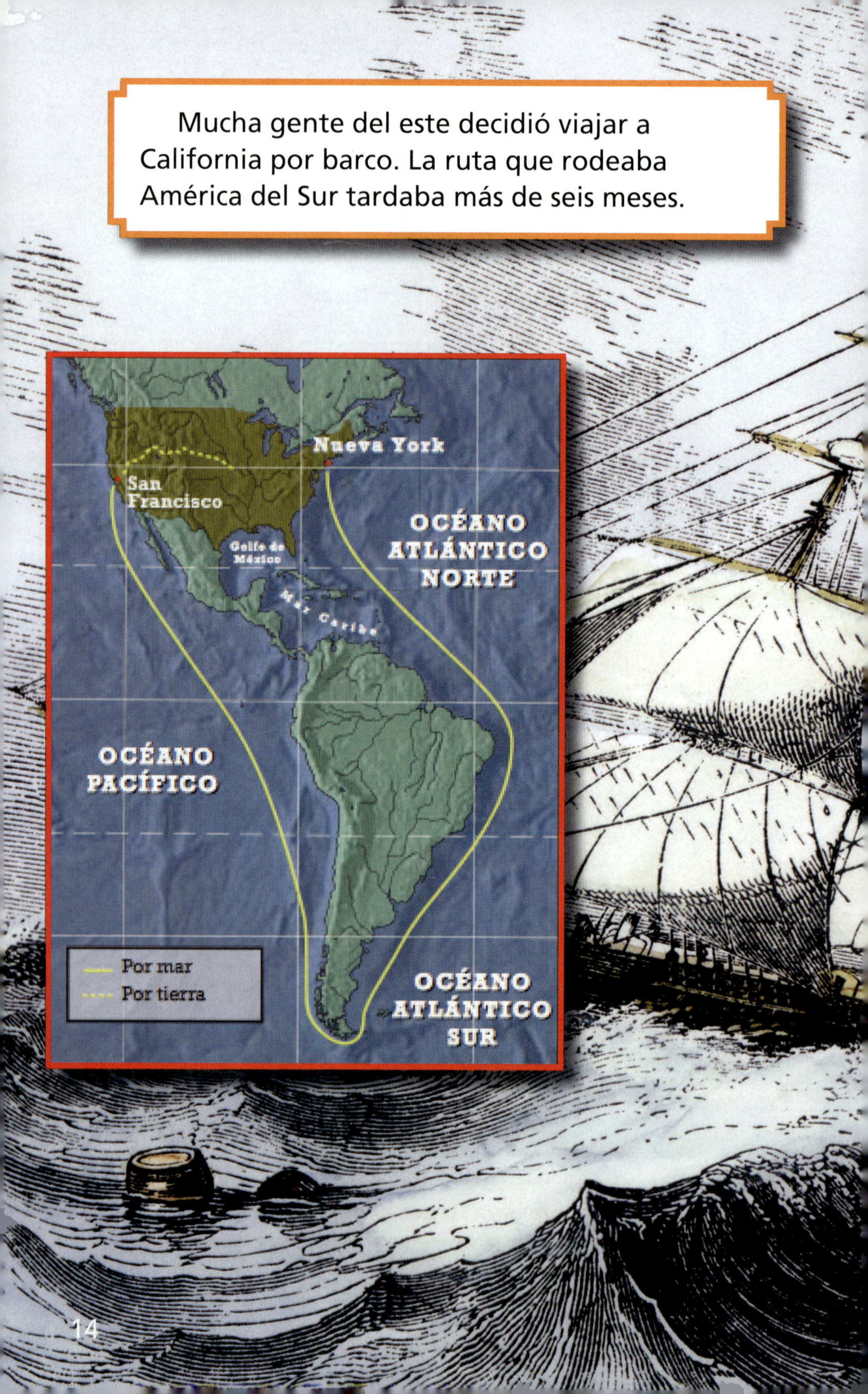

Mucha gente del este decidió viajar a California por barco. La ruta que rodeaba América del Sur tardaba más de seis meses.

El viaje era extremadamente duro. Muchos viajeros sufrían mareos. La comida se pudría y se llenaba de gusanos y tenían poca agua potable. Cuando llegaban a California, muchos tenían que esperar para ser llevados al río Americano. Algunos tuvieron que esperar varios meses en pueblos costeros que estaban superpoblados. Muchos viajeros se enfermaron.

La mayoría de la gente del medio oeste viajaba a California por tierra. Lo hacía a pie, en carreta o a caballo y tenía que tener cuidado con los bandidos. Pasaban tantas carretas por el Camino Oregón-California que se formaban surcos profundos en la tierra.

En 1848 había unos 5,000 mineros buscando oro en California. En 1849 había decenas de miles. Desgraciadamente, la mayoría no encontraban oro o encontraban muy poco.

Aunque muchos se cansaron y se fueron de California, miles se quedaron. Les daba pesar haber hecho un viaje tan largo y regresar a sus casas sin nada. Muchos mineros se ponían nostálgicos cuando recordaban la vida en sus lugares de origen antes de irse al oeste.

Muchos mineros abandonaron su sueño de
hacerse ricos y regresaron a sus hogares.

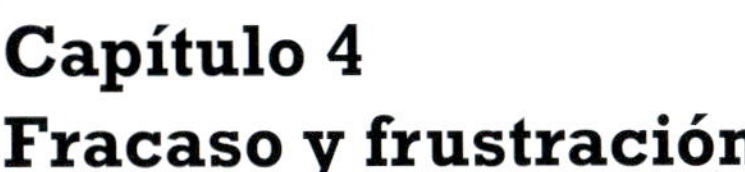

Capítulo 4
Fracaso y frustración

Al principio era fácil encontrar oro en las aguas del río Americano. Muchos de los que llegaron primero se hicieron ricos. Pero no todos los mineros tuvieron tanta suerte. Con el tiempo, apenas quedaba oro.

Los que encontraban oro, no encontraban suficiente como para hacerse ricos. Tenían que usar el oro para pagar los gastos de comida y alojamiento. Quienes hacían más dinero eran los que vendían suministros y servicios a los mineros.

Tenemos suerte de saber tanto sobre las vidas de esos mineros porque tenían diarios **garabateados** y enviaban cartas a sus familiares en sus lugares de origen.

Capítulo 5
Después de la fiebre del oro

Durante y después de la fiebre del oro, California cambió considerablemente. A principios de la década de 1840 había unos 5,000 habitantes en California. Cuando James Marshall encontró las primeras pepitas de oro, había unas 14,000. A finales de 1949, había aumentado a 100,000. Y sólo tres años después, había 250,000 personas en California.

En 1850, un año después de que empezara la fiebre del oro, California se convirtió en el estado número 31 de la Unión. Parte de la razón fue el rápido crecimiento de la zona.

Cuando la fiebre del oro terminó, las tierras donde habían vivido los mineros quedaron desocupadas. Esos pueblos se llamaban "pueblos fantasmas". Como algunos de esos pueblos fueron preservados, hoy en día podemos ver cómo vivía la gente durante la fiebre del oro.

John Sutter soportó muchas adversidades durante y después de la fiebre del oro. Su gran plan de construir un imperio agropecuario fue arruinado por los buscadores de oro. Algunos mineros usaron su fortaleza para establecimientos comerciales y los bandidos y timadores hicieron que abandonara sus tierras. A finales de 1849, vendió la fortaleza por sólo $7,000.

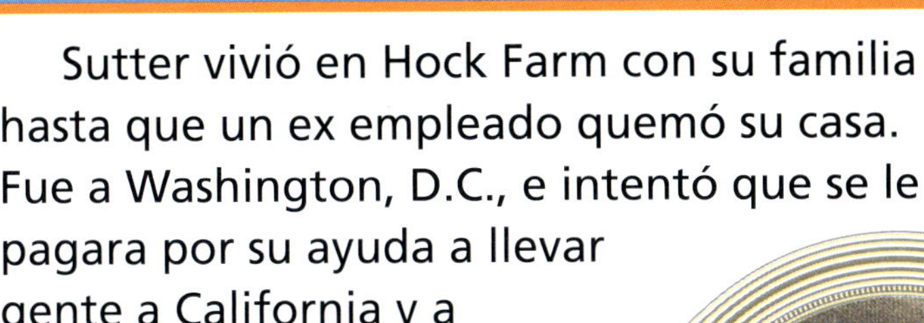

Sutter vivió en Hock Farm con su familia hasta que un ex empleado quemó su casa. Fue a Washington, D.C., e intentó que se le pagara por su ayuda a llevar gente a California y a convertirla en estado. El gobierno se negó. Sutter murió en Pensilvania en 1880.

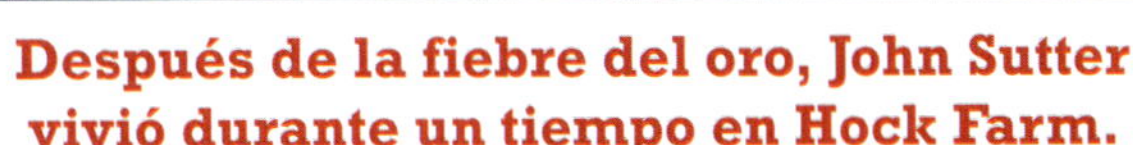

Después de la fiebre del oro, John Sutter vivió durante un tiempo en Hock Farm.

Como los que se quedaron en California después de la fiebre del oro necesitaban ganarse la vida, se convirtieron en granjeros, comerciantes y rancheros.

California no fue el único lugar del oeste donde se descubrió oro. También hubo fiebres de oro en Alaska, Arizona, Idaho, Montana, Nevada, Nuevo México, Dakota del Sur, Utah y Wyoming.

El descubrimiento de oro en el río Americano fue uno de los eventos más importantes de la historia y la fiebre del oro de 1849 se convirtió en una de las más apasionantes aventuras que vivió Estados Unidos.

OFFICE AT
AURORA DOCK
SECURE TICKETS BY THE YUKON LINE
STEAMERS BONANZA KING AND ELDO
10 DAYS TO SEATTLE AND VANCOU
LAUNDRY
STAURANT NORTHERN
23

Glosario

desocupadas *adj.* vacías.

económico *adj.* relacionado con el dinero, el comercio y el intercambio.

garabateados *adj.* escritos rápida y torpemente.

independencia *s.* condición de ser libre del control de otros.

invadidas *v.* saturadas rápidamente.